Impressum
Verlag: BABADADA GmbH, Nedderfeld 112 , 22529 Hamburg
Geschäftsführer / Verlagsleitung: Harald Hof
Druck: Books on Demand GmbH, In de Tarpen 42, 22848 Norderstedt

Imprint
Publisher: BABADADA GmbH, Nedderfeld 112 , 22529 Hamburg, Germany
Managing Director / Publishing direction: Harald Hof
Print: Books on Demand GmbH, In de Tarpen 42, 22848 Norderstedt, Germany

skola
sekolah

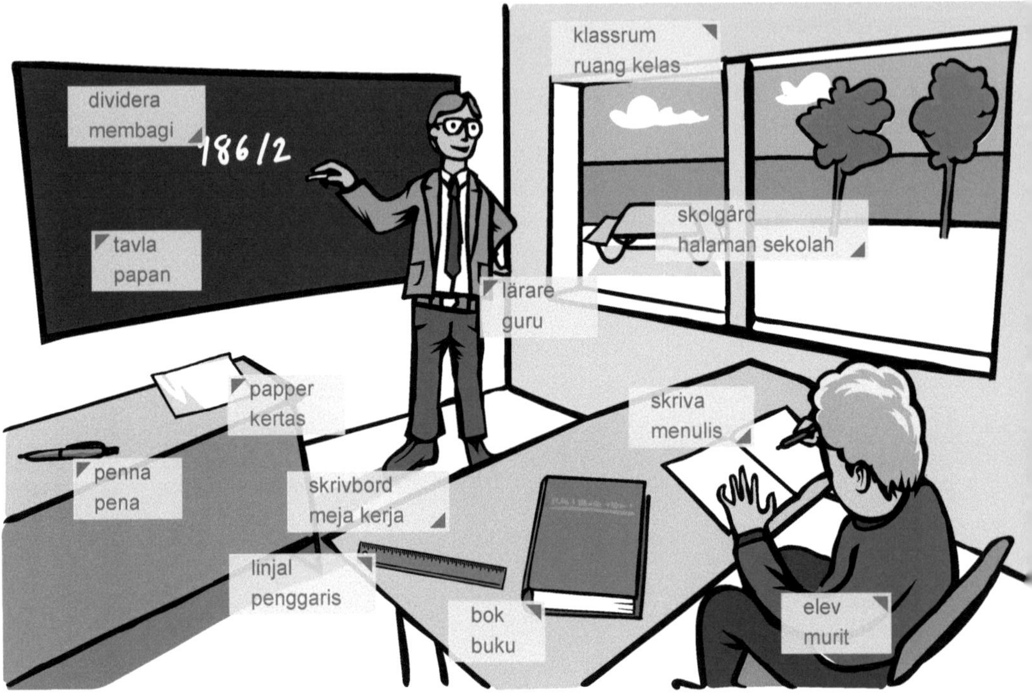

klassrum
ruang kelas
dividera
membagi
186/2
tavla
papan
skolgård
halaman sekolah
lärare
guru
papper
kertas
skriva
menulis
penna
pena
skrivbord
meja kerja
linjal
penggaris
bok
buku
elev
murit

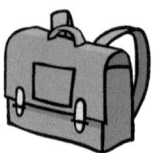

skolväska
....
tas sekolah

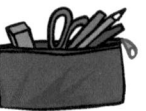

pennfodral
....
tempat pensil

blyertspenna
....
pensil

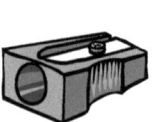

pennvässare
....
pengasah pensil

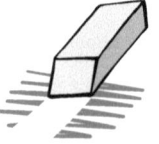

suddgummi
....
penghapus

ritblock
....
kertas gambar

teckning

gambar

pensel

kuas

målarlåda

kotak cat

sax

gunting

lim

lem

övningsbok

buku latihan

hemläxa

pekerjaan rumah

12

tal

angka

2+2

addera

tambhakan

5-2

subtrahera

mengurangi

2×2

multiplicera

mengalikan

räkna

menghitung

A

bokstav

huruf

ABCDEFG
HIJKLMN
OPQRSTU
VWXYZ

alfabet

alfabet

ord

kata

text
....
teks

läsa
....
membaca

krita
....
kapur

lektion
....
pelajaran

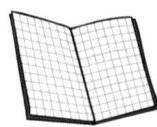

register
....
daftar

prov
....
ujian

intyg
....
sertifikat

skoluniform
....
seragam sekolah

utbildning
....
pendidikan

uppslagsverk
....
ensiklopedi

universitet
....
universitas

mikroskop
....
mikroskop

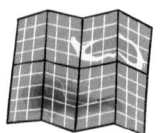

karta
....
peta

papperskorg
....
tempat sampah

resa
perjalanan

hotell
hotel
Grand
vandrarhem
hostel
ROOMS
CHANGE
växelkontor
kantor pertukaran mata uang
resväska
koper
bil
mobil

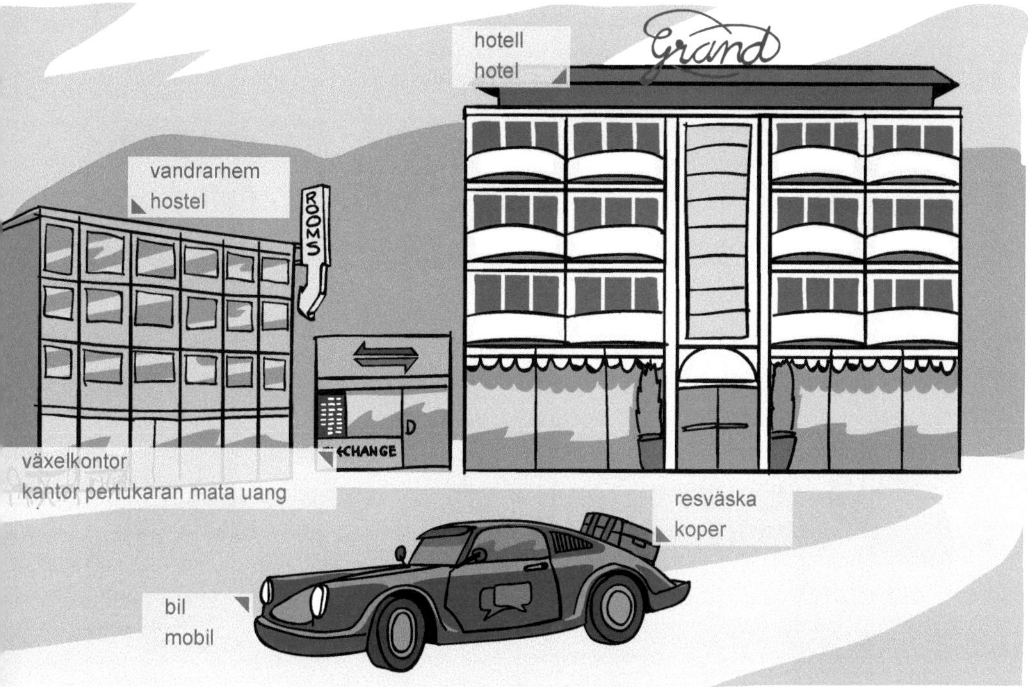

språk
bahasa

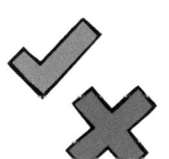

ja / nej
ya / tidak

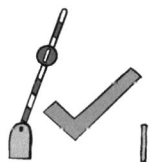

Okay
okay

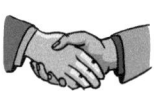

hej
hallo

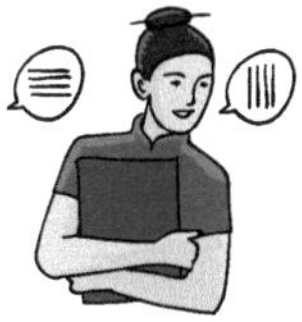

översättare
penerjemah

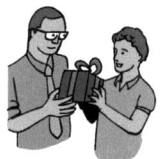

Tack
terima kasih

hur mycket kostar...?

Berapa harganya...?

jag förstår inte

saya tidak mengerti

problem

masalah

God kväll!

Selamat malam!

God morgon!

Selamat siang!

God natt!

Selamat tidur!

hejdå

sampai jumpa

riktning

arah

bagage

bagasi

väska

tas

ryggsäck

ransel

gäst

tamu

rum

ruang

sovsäck

kantong tidur

tält

tenda

turistinformation

informasi wisata

strand

pantai

kreditkort

kartu kredit

frukost

sarapan

lunch

makan siang

middag

makan malam

biljett

tiket

hiss

elevator

frimärke

perangko

gräns

perbatasan

tull

cukai

ambassad

kedutaan

visum

visa

pass

paspor

transport
transportasi

flygplan
kapal terbang

fartyg
perahu

brandbil
mobil pemadam kebakaran

buss
bis

lastbil
truk

motorbåt
perahu motor

cykel
sepeda

bil
mobil

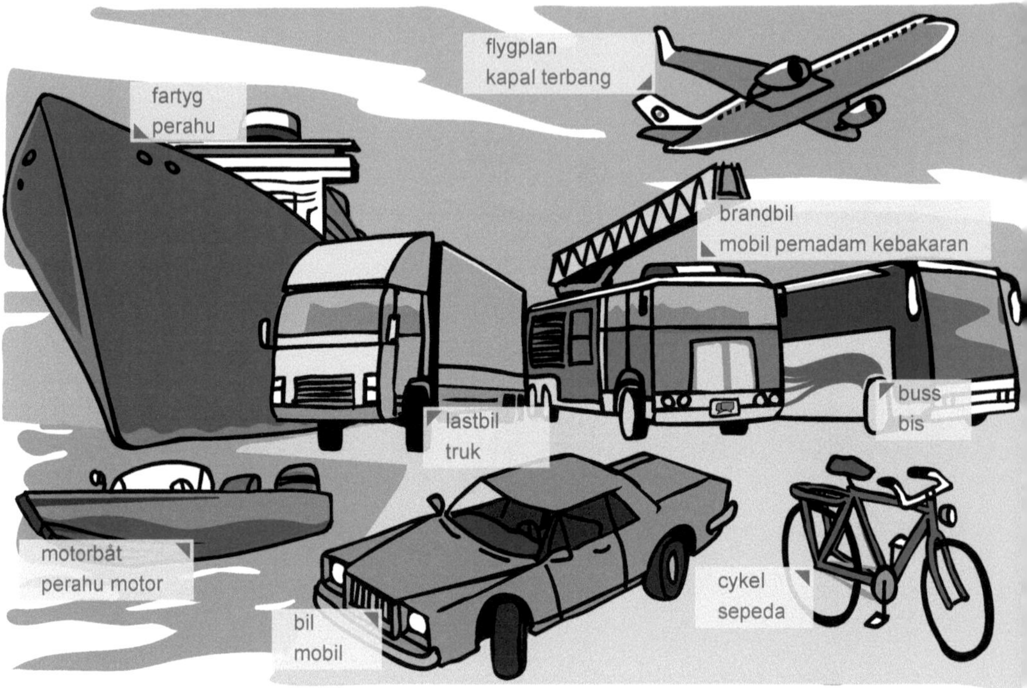

färja
feri

båt
perahu

motorcykel
sepeda motor

polisbil
mobil polisi

racerbil
mobil balapan

hyrbil
mobil sewa

transport - transportasi

bilpool

berbagi mobil

bärgningsbil

truk derek

sopbil

truk sampah

motor

motor

bränsle

bahan bakar

bensinstation

bensin

vägmärke

tanda lalulintas

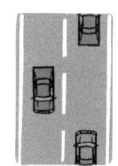

trafik

lalulintas

bilkö

macet

parkeringsplats

parkir mobil

tågstation

stasiun kereta

räls

trek

tåg

kereta api

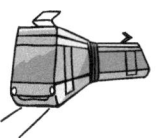

spårvagn

tram

vagn

gerobak

helikopter	flygplats	torn
helikopter	bendara	menara

passagerare	container	kartong
penumpang	container	karton
		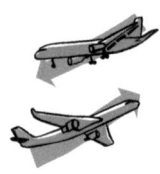
vagn	korg	starta / landa
troli	keranjang	berangkat / mendarat

stad
kota

by	centrum	hus
desa	pusat kota	rumah

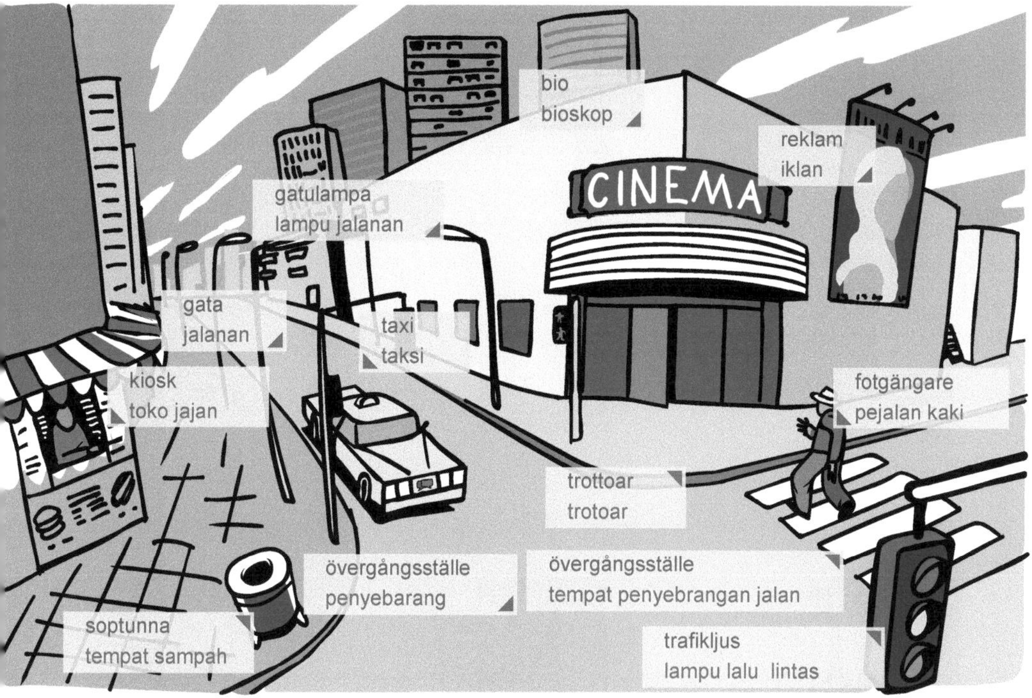

bio
bioskop

reklam
iklan

gatulampa
lampu jalanan

CINEMA

gata
jalanan

taxi
taksi

kiosk
toko jajan

fotgängare
pejalan kaki

trottoar
trotoar

övergångsställe
penyebarang

övergångsställe
tempat penyebrangan jalan

soptunna
tempat sampah

trafikljus
lampu lalu lintas

stuga
gubuk

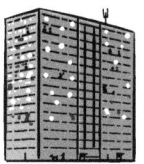

lägenhet
rumah flat

tågstation
stasiun kereta

stadshus
balai kota

museum
museum

skola
sekolah

universitet
universitas

bank
bank

sjukhus
rumah sakit

hotell
hotel

apotek
farmasi

kontor
kantor

bokhandel
toko buku

affär
toko

blomsterbutik
toko bunga

stormarknad
supermarket

marknad
pasar

varuhus
toko serba ada

fiskhandlare
nelayan

köpcentrum
pusat belanja

hamn
pelabuhan

park
....
taman

bänk
....
banku

brygga
....
jembatan

trappa
....
tangga

tunnelbana
....
kereta bawah tanah

tunnel
....
terowongan

busshållplats
....
pemberhantian bis

bar
....
bar

restaurang
....
restauran

brevlåda
....
kotak surat

gatuskylt
....
tanda jalan

parkeringsautomat
....
meteran parkir

zoo
....
kebun binatang

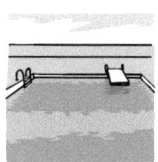

simbassäng
....
kolam renang

moské
....
mesjid

bondgård
pertanian

förorening
polusi

kyrkogård
kuburan

kyrka
gereja

lekplats
tempat bermain

tempel
pura

landskap
pemandangan

löv
daun

vägskylt
penunjuk arah

väg
jalanan

äng
padang rumput

sten
batu

träd
pohon

liftare
pejalak kaki

flod
sungai

gräs
rumput

blomma
bunga

dal
....
lembah

kulle
....
bukit

sjö
....
danau

skog
....
hutan

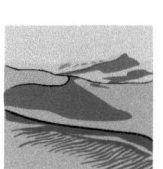

öken
....
padang gurun

vulkan
....
gunung berapi

slott
....
istana

regnbåge
....
pelangi

svamp
....
jamur

palm
....
pohon palem

mygga
....
nyamuk

fluga
....
lalat

myra
....
semut

bi
....
lebah

spindel
....
laba-laba

skalbagge

kumbang

groda

kodok

ekorre

tupai

igelkott

landak

hare

kelinci

uggla

burung hantu

fågel

burung

svan

angsa

vildsvin

babi jantan

rådjur

rusa

älg

rusa

damm

bendungan

vindkraftverk

turbin angin

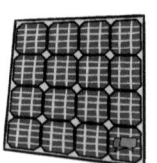

solcellspanel

panel surya

klimat

iklim

restaurang
restauran

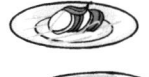

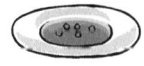

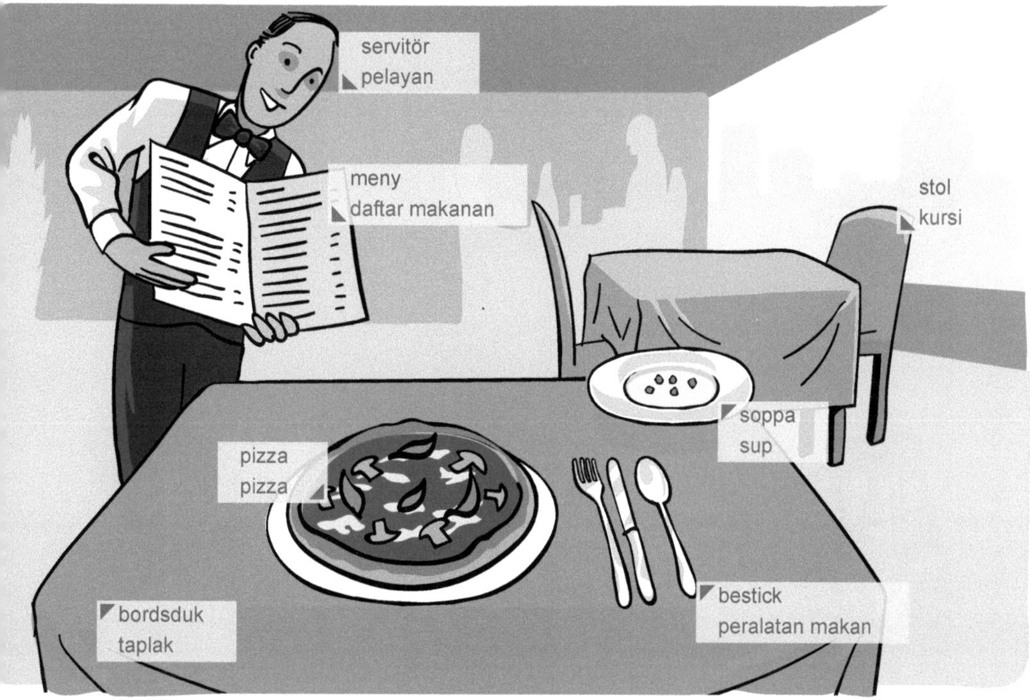
servitör
pelayan
meny
daftar makanan
stol
kursi
soppa
sup
pizza
pizza
bordsduk
taplak
bestick
peralatan makan

förrätt

hindangan pembuka

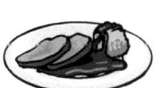

huvudrätt

hidangan utama

dessert

hidangan penutup

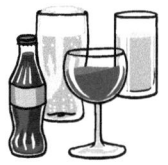

drycker

minuman

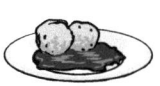

mat

makanan

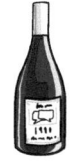

flaska

botol

snabbmat

fastfood

street food

masakan jalanan

tekanna

teko teh

sockerskål

kaleng gula

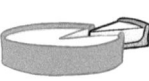

portion

porsi

espressomaskin

mesin espresso

barnstol

kursi tinggi

räkning

tagihan

bricka

baki

kniv

pisau

gaffel

garpu

sked

sendok

tesked

sendok teh

servett

serbet

glas

gelas

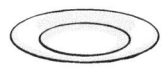

tallrik
piring

sopptallrik
piring sup

tefat
lepek

sås
saus

saltkar
tempat garam

pepparkvarn
gilingan merica

vinäger
cuka

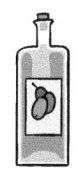

olja
minyak

kryddor
bumbu

ketchup
saus tomat

senap
mustar

majonnäs
mayones

stormarknad
supermarket

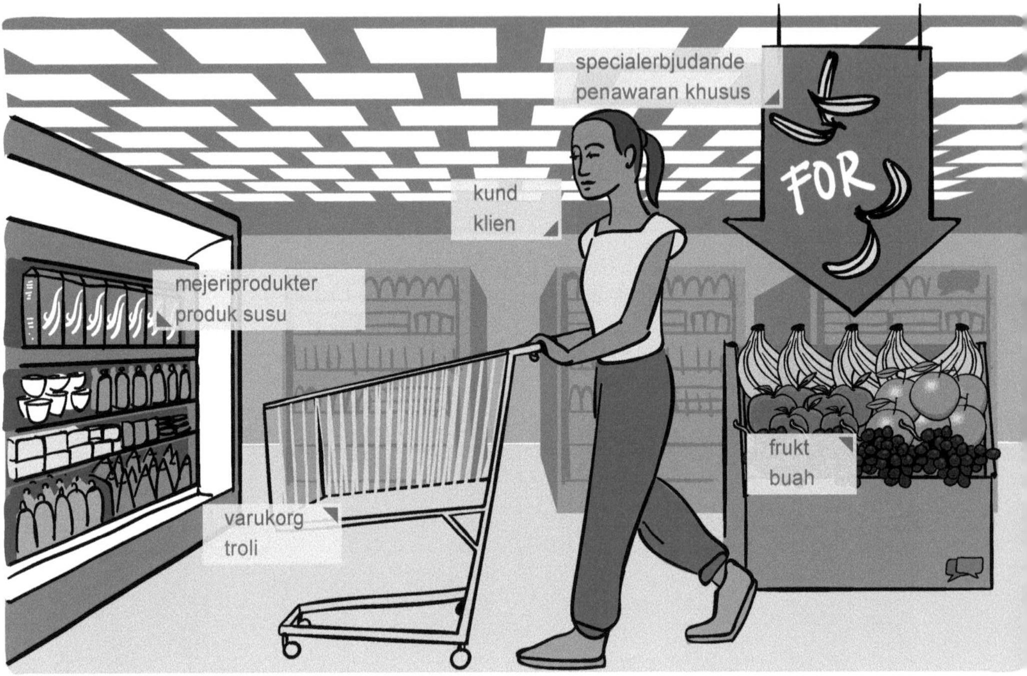

specialerbjudande
penawaran khusus
FOR
kund
klien
mejeriprodukter
produk susu
frukt
buah
varukorg
troli

BUTCHERS

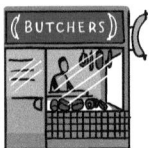

charkuteri

pembantai

BAKERY

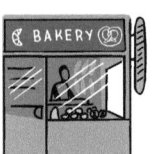

bageri

toko roti

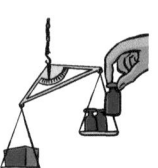

väga

menimbang

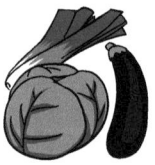

grönsaker

sayur

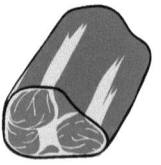

kött

daging

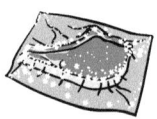

frysta livsmedel

makanan beku

pålägg

pemotongan dingin

konserver

makanan kaleng

tvättmedel

sabun serbuk

godis

permen

hushållsprodukter

alat-alat rumah tangga

rengöringsmedel

obat pembersihan

försäljare

penjual

kassa

kasa

kassör

kasir

inkopslista

daftar belanja

öppettider

jam buka

plånbok

dompet

kreditkort

kartu kredit

väska

tas

plastpåse

kantong plastik

vatten

air

juice

jus

mjölk

susu

cola

cola

vin

anggur

öl

bir

alkohol

alkohol

kakao

coklat

te

teh

kaffe

kopi

espresso

espresso

cappuccino

cappucino

banan

pisang

äpple

apel

apelsin

jeruk

melon

semangka

citron

jeruk lemon

morot

wortel

vitlök

bawang putih

bambu

bambu

lök

bawang bombai

svamp

jamur

nötter

kacang

nudlar

mi

spaghetti

spagetti

ris

nasi

sallad

salat

pommes frites

kentang goreng

stekt potatis

kentang goreng

pizza

pizza

hamburgare

hamburger

smörgås

sandwich

schnitzel

sayatan

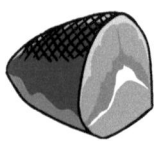

skinka

ham

salami

salami

korv

sosis

kyckling

ayam

stek

menggoreng

fisk

ikan

havregryn

bubur gandum

müsli

sereal

cornflakes

cornflakes

mjöl

tepung

croissant

croissant

fralla

roti

bröd

roti

rostat bröd

toast

kex

biskuit

smör

mentega

kvarg

dadih

kaka

kue

ägg

telur

stekt ägg

telur goreng

ost

keju

glass
eskrim

socker
gula

honung
madu

sylt
selai

nougatkräm
krim nugat

curry
kare

bondgård
pertanian

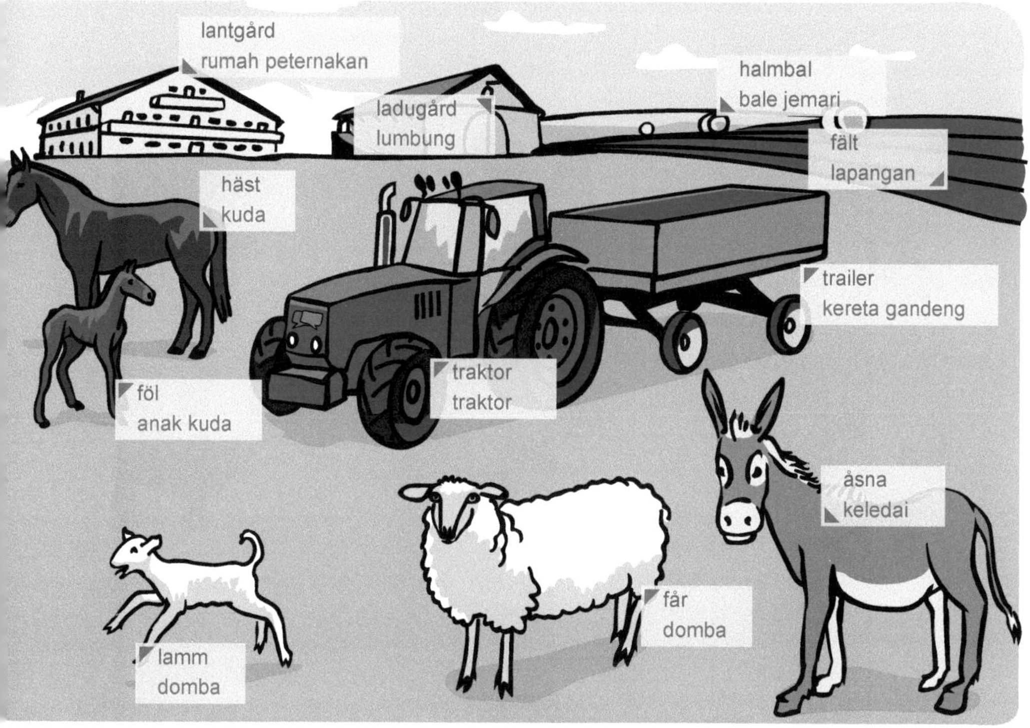
lantgård
rumah peternakan
ladugård
lumbung
halmbal
bale jemari
fält
lapangan
häst
kuda
trailer
kereta gandeng
traktor
traktor
föl
anak kuda
åsna
keledai
får
domba
lamm
domba

get
kambing

ko
sapi

kalv
betis

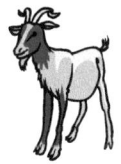

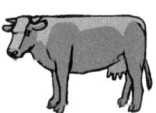

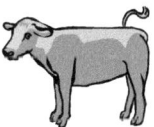

gris
babi

griskulting
celeng

tjur
banteng

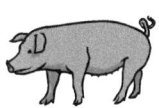

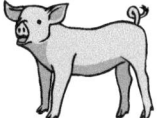

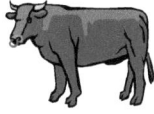

gås

angsa

anka

bebek

kyckling

anak ayam

höna

ayam

tupp

ayam jantan

råtta

tikus

katt

kucing

mus

tikus

oxe

lembu

hund

anjing

hundkoja

rumah anjing

trädgårdsslang

selang

vattenkanna

penyiram

lie

sabit

plog

bajak

skära
sabit

hacka
cangkul

högaffel
garpu rumput

yxa
kapak

skottkärra
gerobak

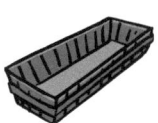

tråg
palung

mjölkflaska
kaleng susu

säck
karung

staket
pagar

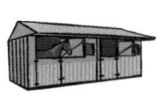

stall
kandang

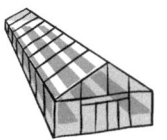

växthus
rumah kaca

jord
tanah

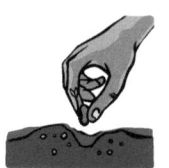

säd
benih

gödsel
pupuk

skördetröska
mesin pemanen

skörda
panen

skörd
panen

jams
yams

vete
gandum

soja
kedelai

potatis
kentang

majs
jagung

raps
lobak

fruktträd
pohon buah

maniok
singkong

spannmål
sereal

hus
rumah

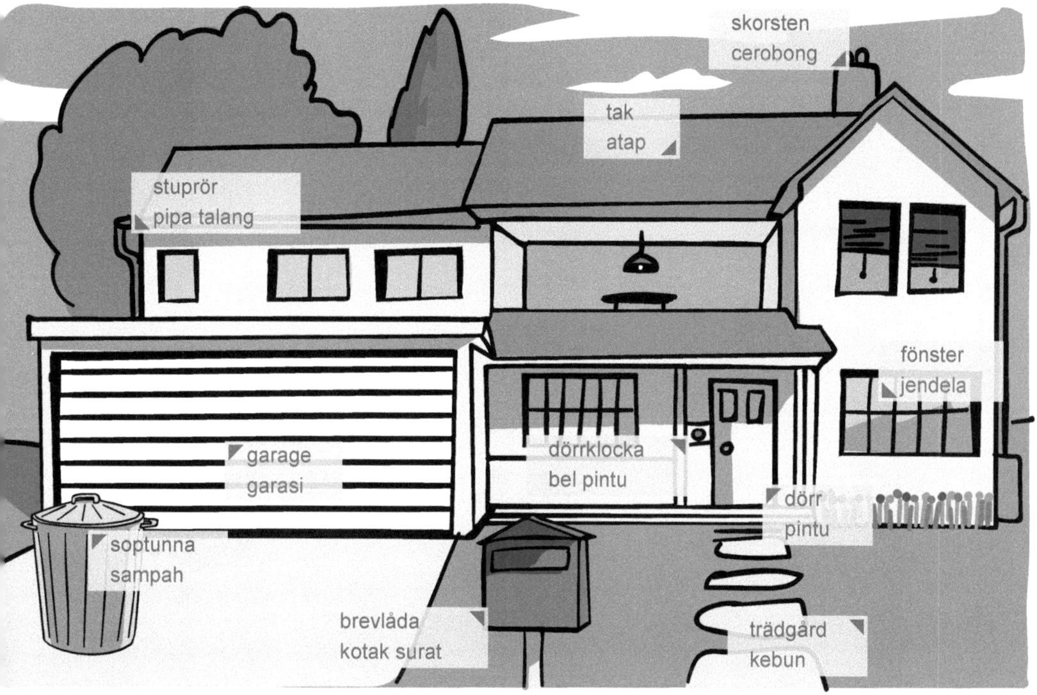
skorsten
cerobong
tak
atap
stuprör
pipa talang
fönster
jendela
garage
garasi
dörrklocka
bel pintu
dörr
pintu
soptunna
sampah
brevlåda
kotak surat
trädgård
kebun

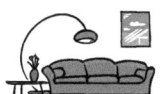

vardagsrum

ruang tamu

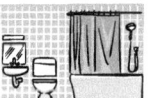

badrum

kamar mandi

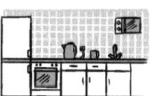

kök

dapur

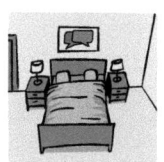

sovrum

kamar tidur

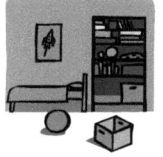

barnrum

kamar anak

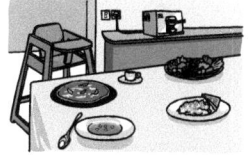

matsal

kamar makan

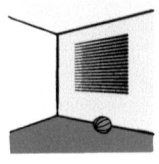

golv

lantai

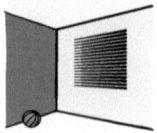

vägg

tembok

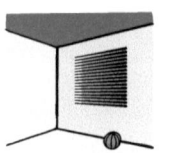

tak

atap

källare

gudang di bawah tanah

bastu

sauna

balkong

balkon

terrass

teras

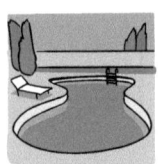

bassäng

kolam renang

gräsklippare

mesin pemotong rumput

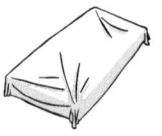

lakan

sprei

överkast

selimut

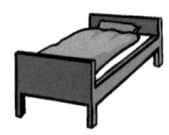

säng

tempat tidur

kvast

sapu

hink

ember

strömbrytare

tombol

vardagsrum
ruang tamu

tapet
kertas dinding
bild
gambar
lampa
lampu
hylla
rak
skåp
kabinet
TV
televisi
eldstad
perapian
blomma
bunga
kudde
bantal
soffa
sofa
vas
vas
fjärrkontroll
remote control

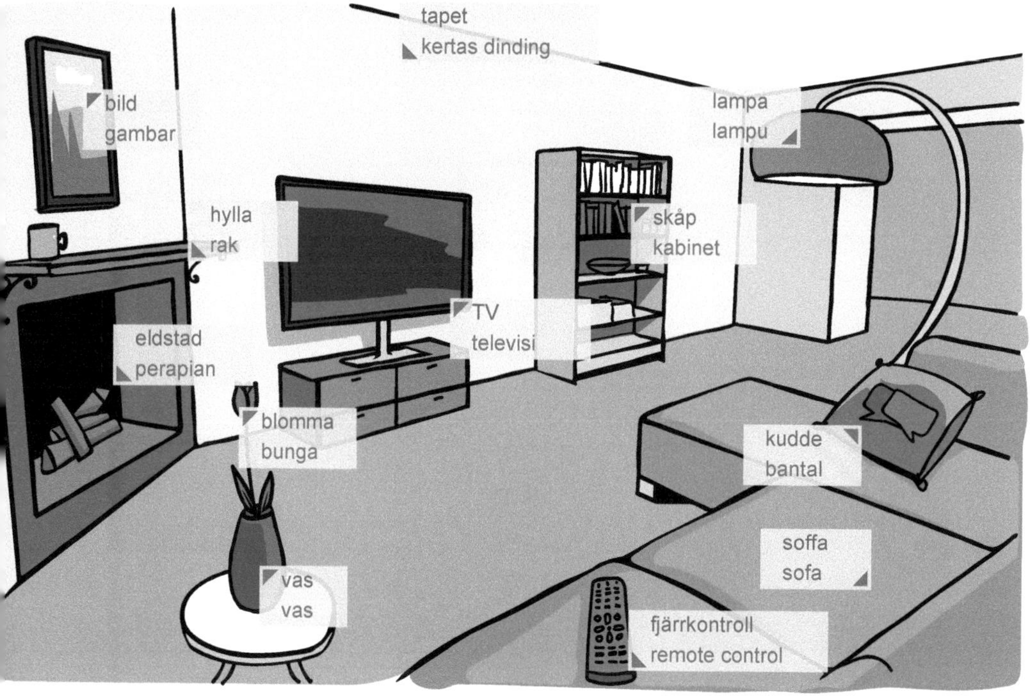

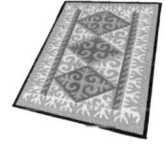

matta

karpet

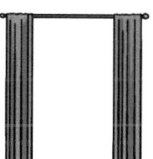

gardin

korden

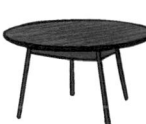

bord

meja

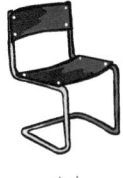

stol

kursi

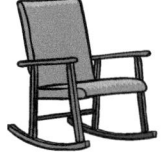

gungstol

kursi goyang

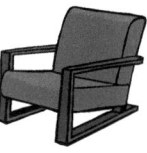

fåtölj

kursi malas

bok
buku

filt
selimut

dekoration
dekorasi

vedträ
kayu bakar

film
filem

stereoanläggning
hi-fi

nyckel
kunci

dagstidning
koran

målning
lukisan

poster
poster

radio
radio

anteckningsbok
buku tulis

dammsugare
penyedot debu

kaktus
kaktus

stearinljus
lilin

kök

dapur

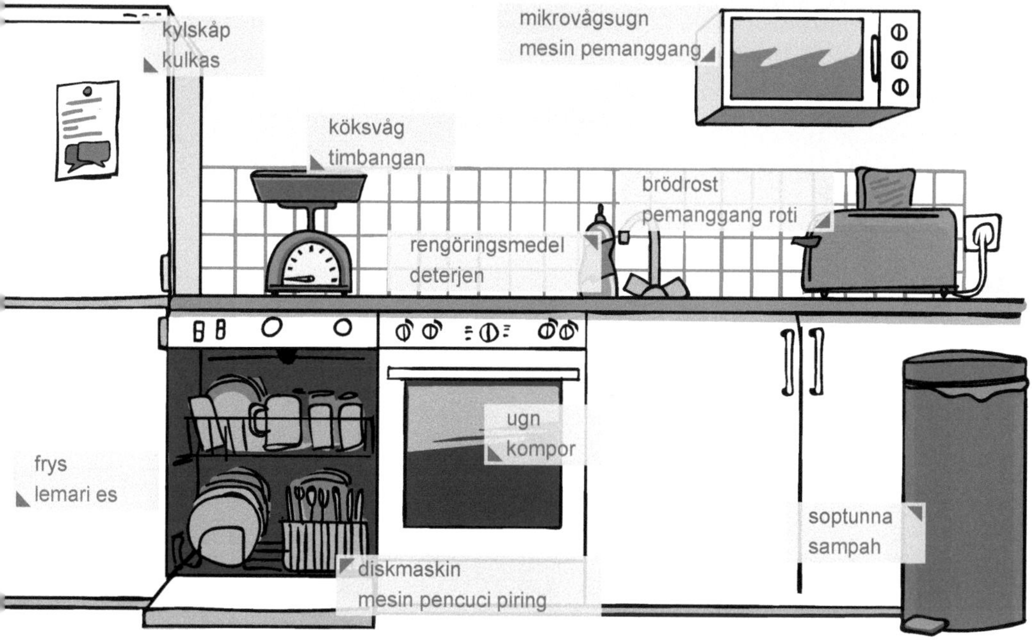
kylskåp
kulkas
mikrovågsugn
mesin pemanggang
köksvåg
timbangan
brödrost
pemanggang roti
rengöringsmedel
deterjen
ugn
kompor
frys
lemari es
soptunna
sampah
diskmaskin
mesin pencuci piring

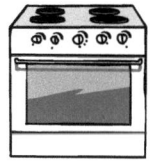

spis
....
kompor

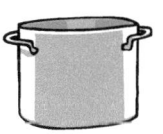

kastrull
....
panci

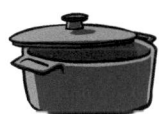

järngryta
....
panci besi

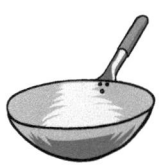

wok / kadai
....
wajan

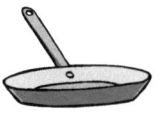

stekpanna
....
panci

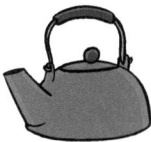

vattenkokare
....
pemanas air

ångkokare

panci pengukus makanan

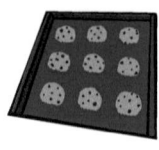

bakplåt

nampan

porslin

piring

mugg

cangkir

skål

mangkok

ätpinnar

sumpit

soppslev

sendok sup

stekspade

sudip

visp

mengocok

durkslag

saringan

sil

saringan

rivjärn

parutan

mortel

mortir

grill

barbeque

brasa

api terbuka

skärbräda

papan memotong

kavel

gilingan

korkskruv

alat pembuka botol

burk

kaleng

burköppnare

pembuka kaleng

grytlapp

pegangan panci

vask

wastafel

borste

sikat

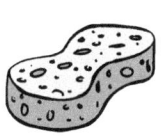

svamp

busa

mixer

mesin pencampur

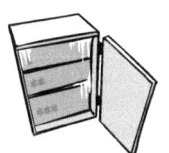

frys

lemari es

nappflaska

botol bayi

kran

keran

kök - dapur

badrum

kamar mandi

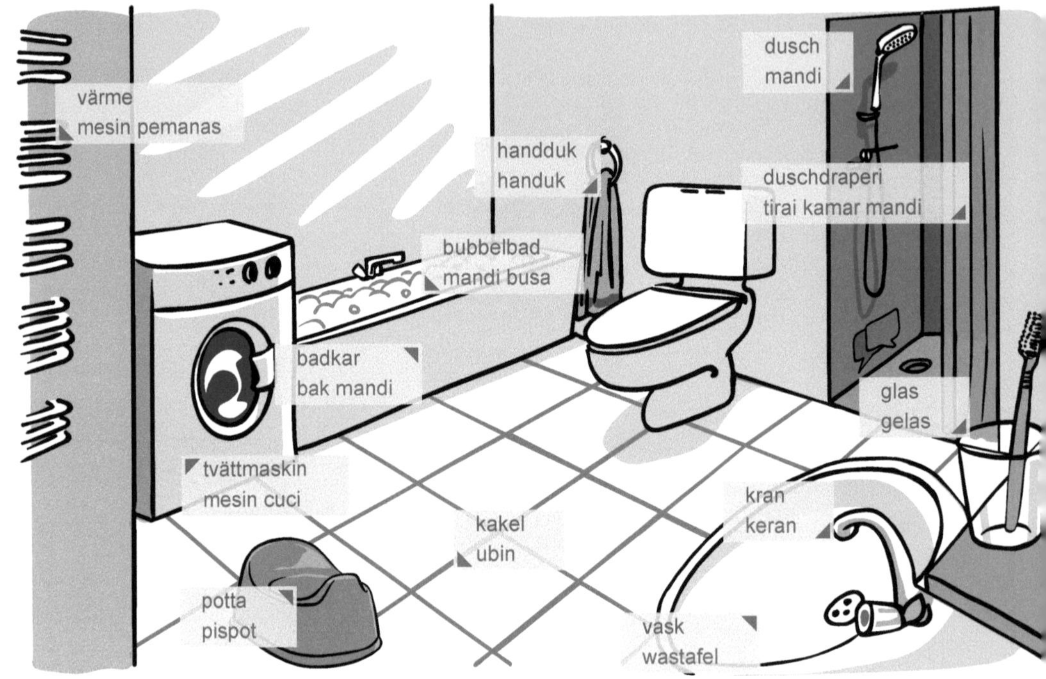

dusch
mandi
värme
mesin pemanas
handduk
handuk
duschdraperi
tirai kamar mandi
bubbelbad
mandi busa
badkar
bak mandi
glas
gelas
tvättmaskin
mesin cuci
kran
keran
kakel
ubin
potta
pispot
vask
wastafel

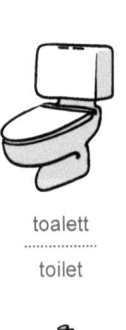

toalett

toilet

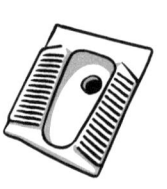

låg toalett

toilet jongkok

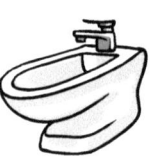

bidet

bidet

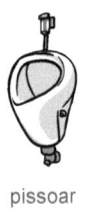

pissoar

pissoir

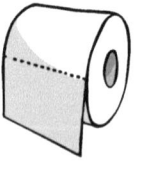

toalettpapper

kertas toilet

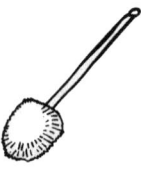

toalettborste

sikat toilet

tandborste

sikat gigi

tandkräm

pasta gigi

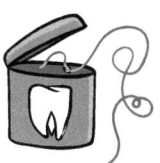

tandtråd

benang gigi

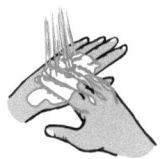

tvätta

menyuci

handdusch

pancuran tangan

intimdusch

pancuran

handfat

bak

ryggborste

sikat punggung

tvål

sabun

duschgel

gel mandi

schampo

sampo

trasa

planel

avlopp

kuras

crème

krim

deodorant

deodoran

spegel

kaca

handspegel

cermin tangan

rakhyvel

pisau cukur

raklödder

busa cukur

rakvatten

aftershave

kam

sisir

borste

sikat

hårtork

alat pengering rambut

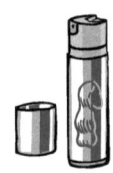

hårspray

semprot rambut

smink

makeup

läppstift

lipstik

nagellack

cat kuku

bomullsvadd

kapas

nagelsax

gunting kuku

parfym

minyak wangi

necessär

kantong pencuci

pall

bangku

våg

timbangan

badrock

mantel mandi

gummihandskar

sarung tangan karet

tampong

tampon

binda

handuk pembalut

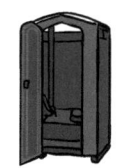

kemisk toalett

toilet kimia

barnrum
kamar anak

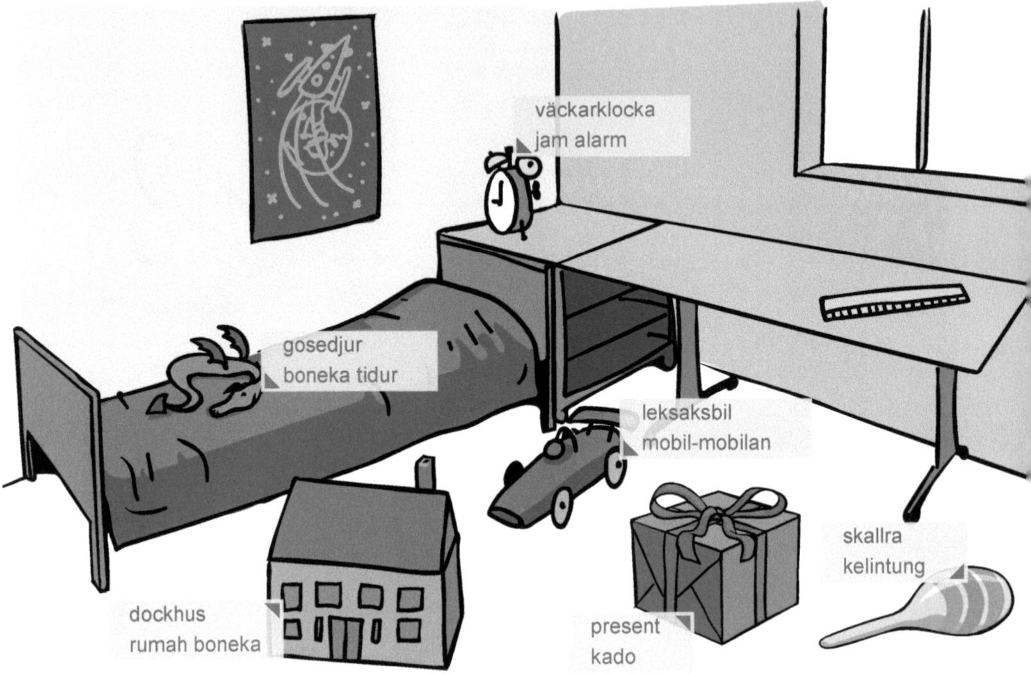
väckarklocka
jam alarm
gosedjur
boneka tidur
leksaksbil
mobil-mobilan
skallra
kelintung
dockhus
rumah boneka
present
kado

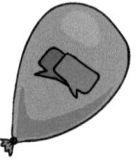

ballong
balon

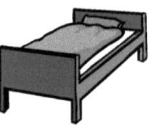

säng
tempat tidur

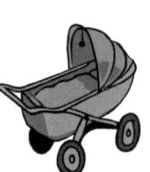

barnvagn
kereta bayi

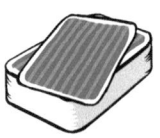

kortlek
mainan kartu

pussel
teka-teki

SUPER
MEGA

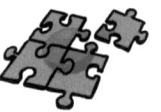

serietidning
komik

legobitar

mainan lego

klossar

blok mainan

actionfigur

figur aksi

sparkdräkt

baju monyet

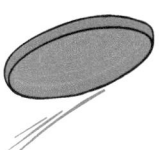

frisbee

frisbee

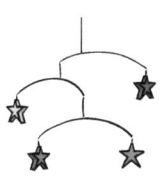

mobil

mobile

brädspel

permainan papan

tärning

dadu

modelljärnväg

set model kreta api

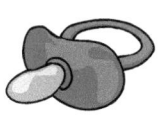

napp

dot

party

pesta

bilderbok

buku gambar

boll

bola

docka

boneka

spela

bermain

sandlåda

tempat main pasir

gunga

ayunan

leksaker

mainan

spelkonsol

video game konsol

trehjuling

sepeda roda tiga

nalle

teddy

garderob

lemari pakaian

kläder

pakaian

sockar

kaos kaki

strumpor

kaos kaki

tights

baju ketat

halsduk
syal

paraply
payung

t-shirt
kaos

bälte
sabuk

stövlar
sepatu bot

tofflor
sandal

sneakers
sepatu

sandaler
sandal

skor
sepatu

gummistövlar
sepatu bot karet

underbyxor
celana dalam

BH
BH

linne
baju rompi

body
body

byxor
celana

jeans
jeans

kjol
rok

blus
blus

skjorta
kemeja

pullover
aket berkerudung

sweater
sweater

blazer
jaket

jacka
jaket

kappa
mantel

regnjacka
jas hujan

dräkt
kostum

klänning
gaun

bröllopsklänning
gaun pengantin

kostym

setelan resmi

nattlinne

gaun tidur

pyjamas

piyama

sari

sari

slöja

jilbab

turban

turban

burka

burka

kaftan

kaftan

abaya

abaya

baddräkt

pakaian renang

badbyxor

celana renang

shorts

celana pendek

träningsoverall

olah raga

förkläde

celemek

handskar

sarung tangan

knapp

kancing

glasögon

kacamata

armband

gelang

halsband

kalung

ring

cincin

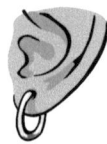

örhänge

anting

mössa

topi

galge

gantungan mantel

hatt

topi

slips

dasi

dragkedja

ritsleting

hjälm

helm

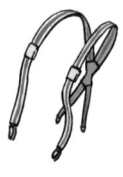

hängslen

tali selempang

skoluniform

seragam sekolah

uniform

seragam

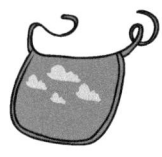

haklapp

oto

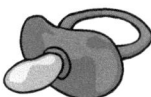

napp

dot

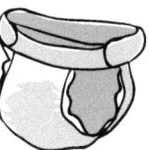

blöja

popok

kontor
kantor

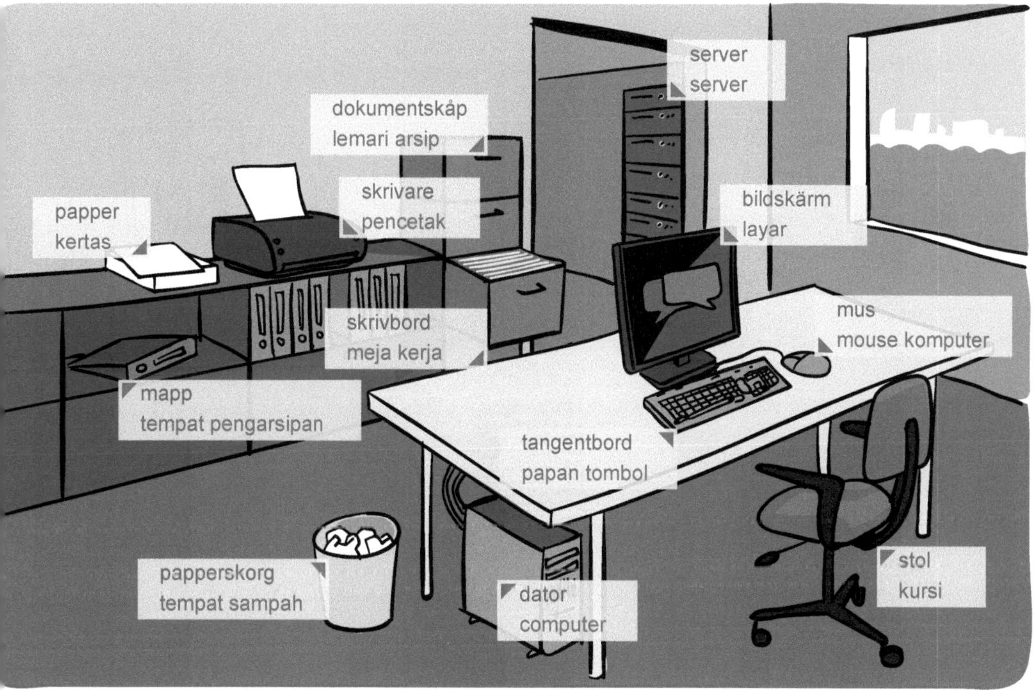
server
server
dokumentskåp
lemari arsip
skrivare
pencetak
papper
kertas
bildskärm
layar
mus
mouse komputer
skrivbord
meja kerja
mapp
tempat pengarsipan
tangentbord
papan tombol
papperskorg
tempat sampah
dator
computer
stol
kursi

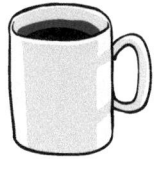

kaffemugg

cangkir kopi

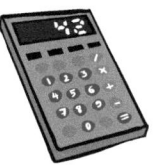

miniräknare

kalkulator

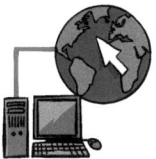

internet

internet

bärbar dator

laptop

brev

surat

meddelande

pesan

mobiltelefon

telepon seluler

nätverk

jaringan

kopieringsapparat

fotokopi

programvara

software

telefon

telepon

vägguttag

plug soket

fax

mesin fax

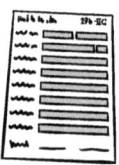

blankett

formulir

dokument

dokumen

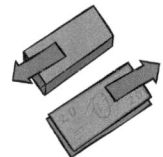

köpa

membeli

betala

membayar

handla

berdagang

pengar

uang

dollar

Dollar

euro

Euro

yen

Yen

rubel

Rubel

schweizisk franc

Franc Swiss

renminbi yan

Renminbi Yuan

rupie

Rupiah

bankomat

ATM

växelkontor

kantor pertukaran mata uang

guld

emas

silver

perak

olja

minyak

energi

energi

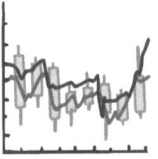

pris

harga

kontrakt

kontrak

skatt

pajak

aktie

saham

arbeta

bekerja

anställd

karyawan

arbetsgivare

majikan

fabrik

pabrik

affär

toko

yrken
pekerjaan

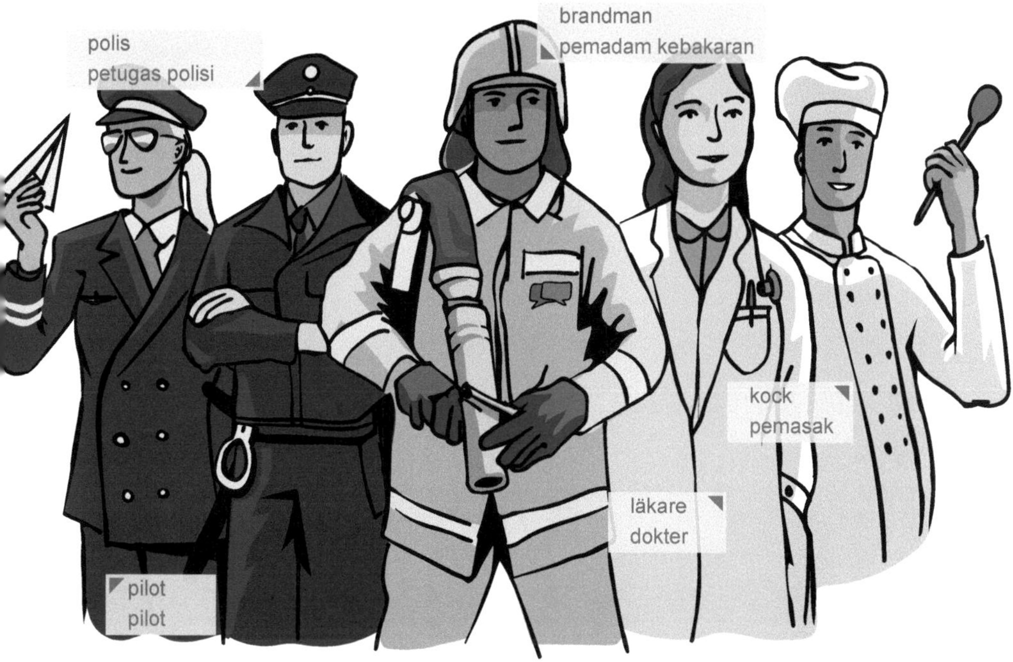

polis
petugas polisi
brandman
pemadam kebakaran
kock
pemasak
läkare
dokter
pilot
pilot

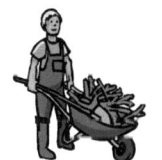

trädgårdsmästare

tukan kebun

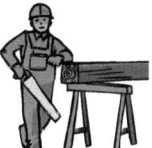

snickare

tukang kayu

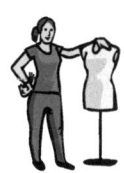

sömmerska

penjahit wanita

domare

hakim

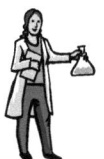

kemist

ahli kimia

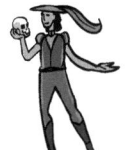

skådespelare

aktor

busschaufför

sopir bis

taxichaufför

sopir taksi

fiskare

nelayan

städerska

pembantu

takläggare

tukang atap

servitör

pelayan

jägare

pemburu

målare

pelukis

bagare

tukang roti

elektriker

tukang listrik

byggarbetare

pembangun

ingenjör

insinyur

slaktare

tukang daging

rörmokare

tukang ledeng

brevbärare

tukang pos

soldat

tentara

arkitekt

arsitek

kassör

kasir

florist

penjual bunga

frisör

penata rambut

konduktör

konduktor

mekaniker

montir

kapten

kapten

tandläkare

dokter gigi

vetenskapsman

ilmuwan

rabbin

rabbi

imam

imam

munk

biarawan

präst

pendeta

verktyg
alat

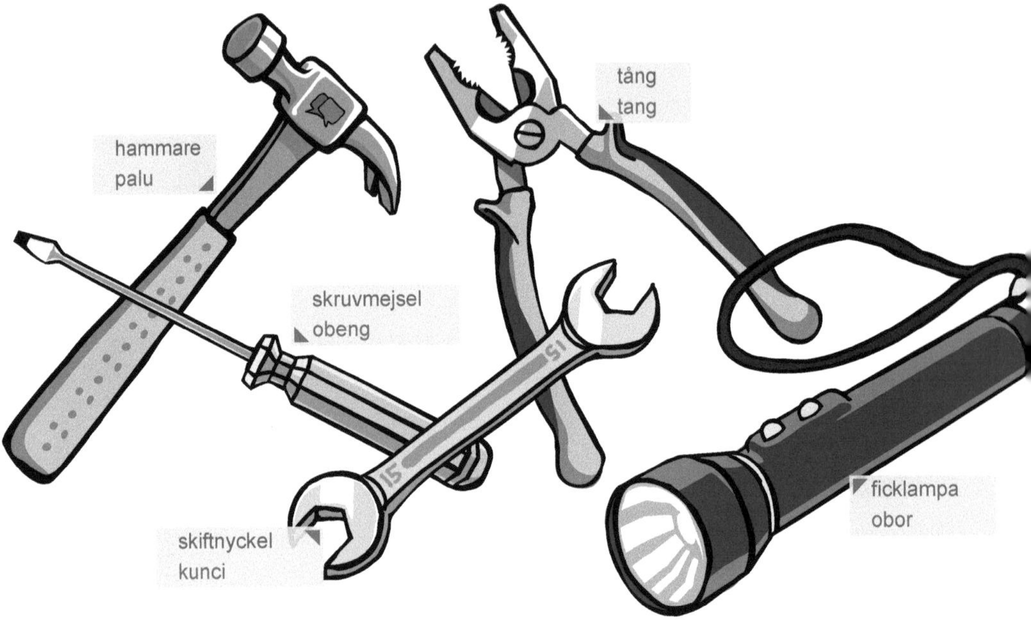
hammare
palu
tång
tang
skruvmejsel
obeng
skiftnyckel
kunci
ficklampa
obor

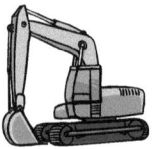

grävmaskin

penggali

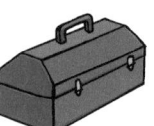

verktygslåda

tas perkakas

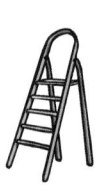

stege

tangga

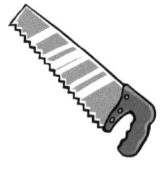

såg

gergaji

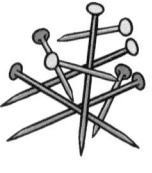

spik

paku

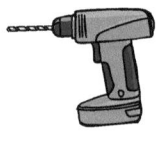

borr

bor

reparera
perbaikan

spade
sekop

Helvete!
Sialan!

sopskyffel
cikrak

färgburk
pot cat

skruvar
sekrup

musikinstrument
alat musik

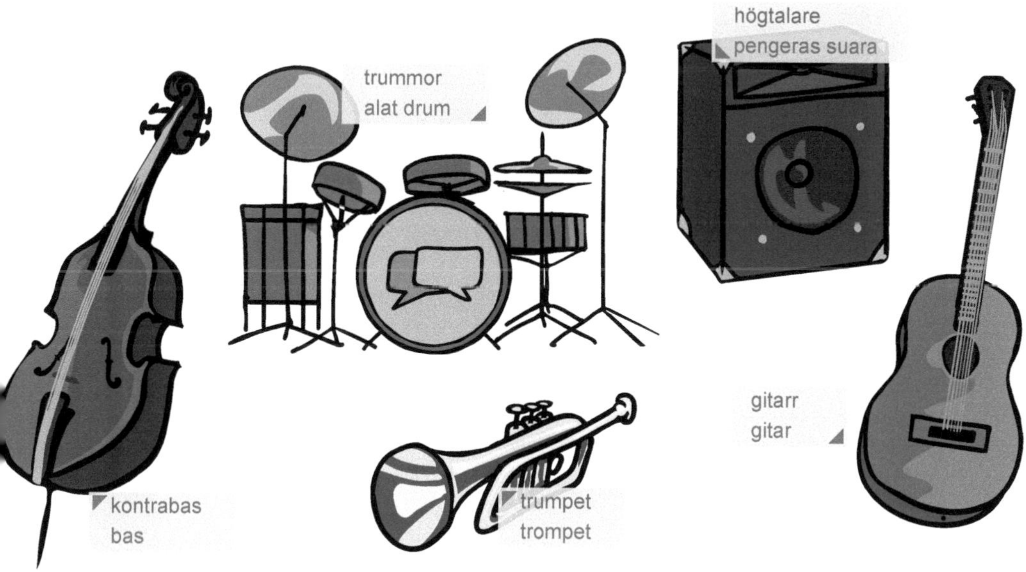

högtalare
pengeras suara

trummor
alat drum

gitarr
gitar

kontrabas
bas

trumpet
trompet

piano
piano

violin
violin

bas
bass

timpani
tambur

trumma
drum

keyboard
keyboard

saxofon
saksofon

flöjt
suling

mikrofon
mikrofon

zoo

kebun binatang

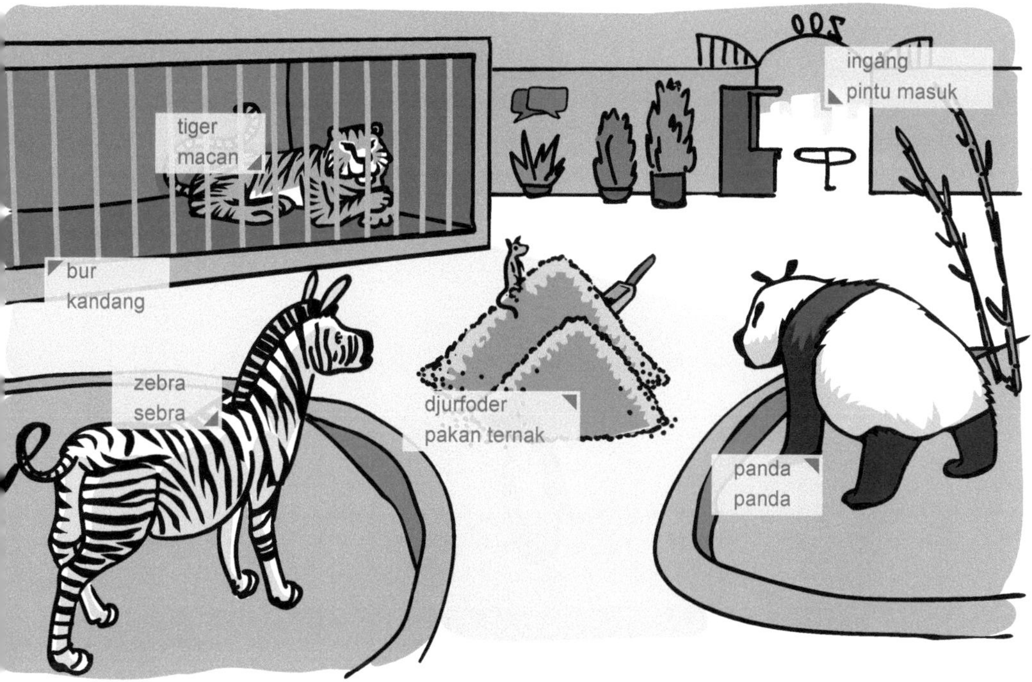
tiger
macan
bur
kandang
zebra
sebra
djurfoder
pakan ternak
ingång
pintu masuk
panda
panda

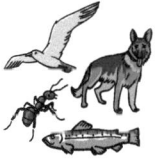

djur

hewan

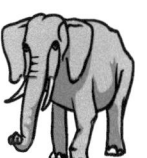

elefant

gajah

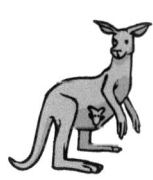

känguru

kanguru

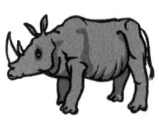

noshörning

badak

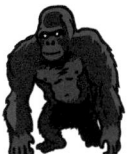

gorilla

gorila

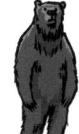

björn

beruang

kamel

unta

struts

burung unta

lejon

singa

apa

monyet

flamingo

flamingo

papegoja

burung beo

isbjörn

beruang polar

pingvin

penguin

haj

hiu

påfågel

merak

orm

ular

krokodil

buaya

djurskötare

penjaga kebun binatang

säl

segel

jaguar

jaguar

ponny

kuda poni

leopard

macan tutul

flodhäst

kuda nil

giraff

jerapah

örn

burung elang

vildsvin

babi jantan

fisk

ikan

sköldpadda

kura-kura

valross

anjing laut

rav

rubah

gazell

kijang

amerikansk fotboll
american football

cykling
naik sepeda

tennis
tennis

basket
basketbal

simning
bernang

boxning
tinju

ishockey
hoki es

fotboll
sepak bola

badminton
badminton

friidrott
atletik

handboll
bola tangan

skidåkning
main ski

polo
polo

skratta
ketawa

hoppa
meloncat

krama
memeluk

gå
berjalan

sjunga
menyanyi

drömma
mengimpi

be
berdoa

kyssa
mencium

skriva
menulis

rita
melukis

visa
menunjuk

skjuta
mendorong

ge
memberikan

ta
mengambil

aktiviteter - aktivitas

hagel

mempunyai

göra

melakukan

vara

adalah

stå

berdiri

springa

berlari

dra

menarik

kasta

melempar

falla

jatuh

ligga

tidur

vänta

menunggu

bära

membawa

sitta

duduk

klä på

berpakaian

sova

tidur

vakna

bangun

se på
melihat

gråta
menangis

smeka
mengelus

kamma
menyisir

prata
berbicara

förstå
mengerti

fråga
menanyak

höra
mendengar

dricka
minum

äta
makan

städa
merapikan

älska
cinta

laga mat
memasak

köra
menyetir

flyga
terbang

segla

berlayar

räkna

menghitung

läsa

membaca

lära sig

belajar

arbeta

bekerja

gifta sig

menikah

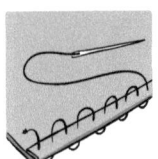

sy

menjahit

borsta tänderna

sikat gigi

döda

membunuh

röka

merokok

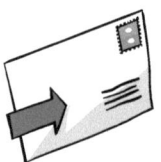

skicka

kirim

mormor/farmor
nenek

morfar/farfar
kakek

pappa
bapak

mamma
ibu

baby
bayi

dotter
putri

son
putra

gäst
tamu

moster/faster
bibi

farbror/morbror
paman

bror
kakak laki

syster
kakak perempuan

kropp
badan

panna
dahi
öga
mata
skuldra
bahu
finger
jari
ansikte
muka
haka
dagu
hand
tangan
ben
kaki
bröst
payudara
arm
lengan

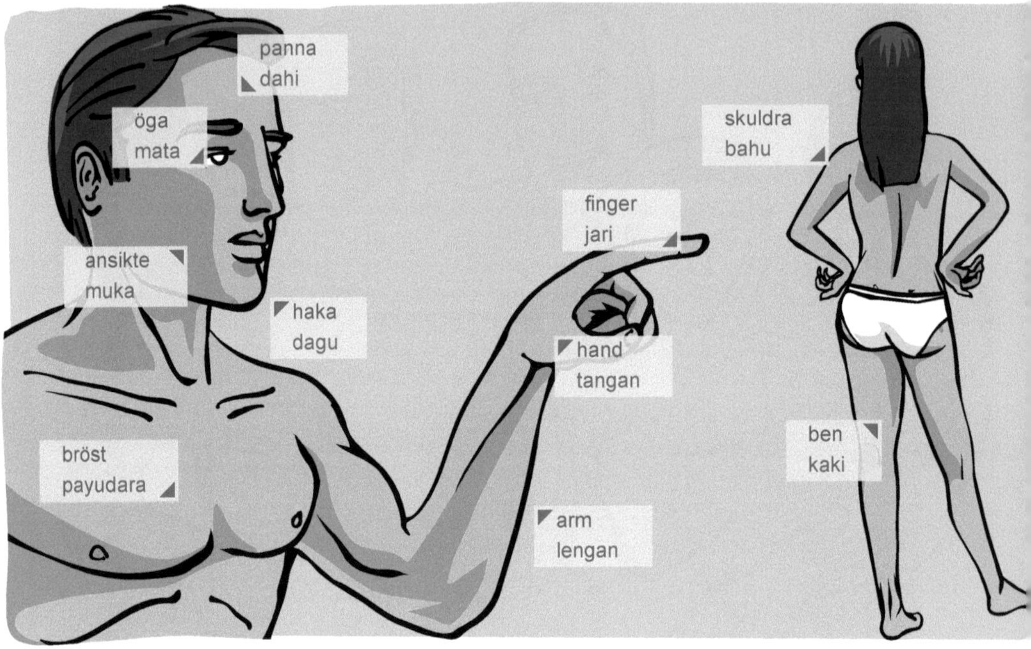

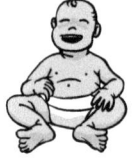

baby

bayi

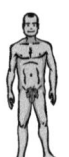

man

pria

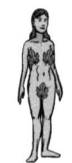

kvinna

wanita

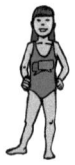

flicka

perempuan

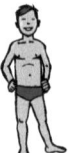

pojke

laki

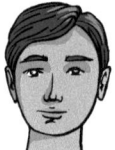

huvud

kepala

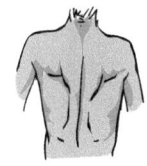

rygg
punggung

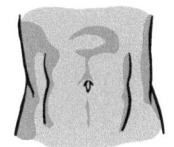

mage
perut

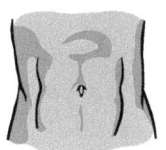

navel
pusar

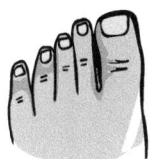

tå
toe

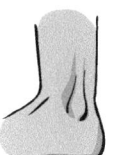

häl
tumit

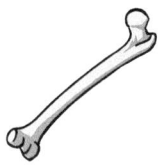

ben
tulang

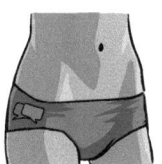

höft
pinggang

knä
lutut

armbåge
siku

näsa
hidung

stjärt
pantat

hud
kulit

kind
pipi

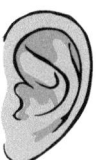

öra
telinga

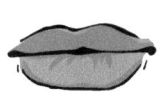

läpp
bibir

mun
mulut

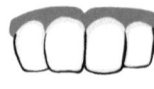

tand
gigi

tunga
lidah

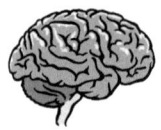

hjärna
otak

hjärta
jantung

muskel
otot

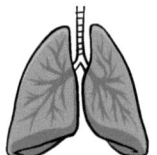

lunga
paru-paru

lever
hati

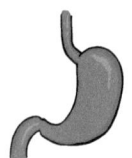

magsäck
stomach

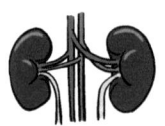

njurar
ginjal

sex
hubungan seks

kondom
kondom

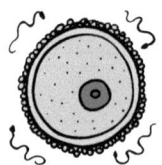

äggcell
sel telur

sperma
sperma

graviditet
kehamilan

kropp - badan

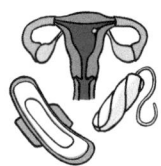

menstruation

menstruasi

vagina

vagina

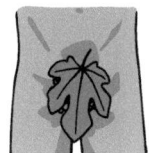

penis

penis

ögonbryn

alis

hår

rambut

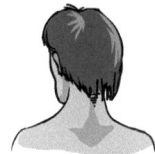

nacke

leher

sjukhus
rumah sakit

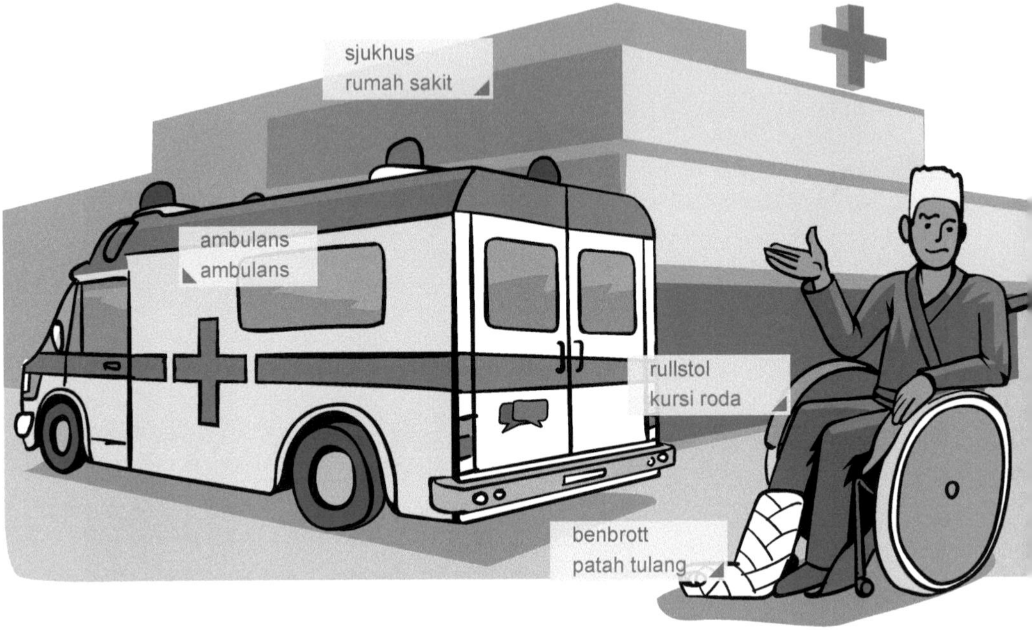

sjukhus
rumah sakit
ambulans
ambulans
rullstol
kursi roda
benbrott
patah tulang

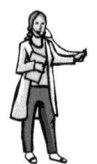

läkare

dokter

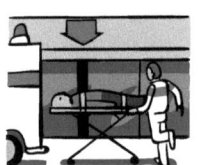

akutmottagning

ruang darurat

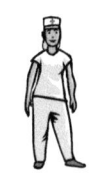

sjuksköterska

perawat

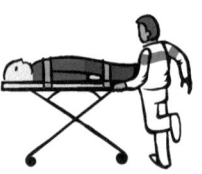

nödsituation

darurat

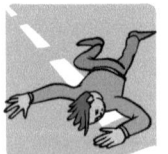

medvetslös

semaput

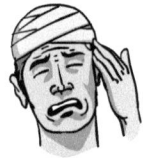

smärta

sakit

skada

cedera

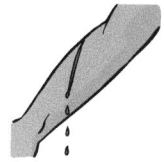

blödning

perdarahan

hjärtattack

serangan jantung

slaganfall

stroke

allergi

alergi

hosta

batuk

feber

demam

influensa

flu

diarré

diare

huvudvärk

sakit kepala

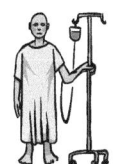

cancer

kanker

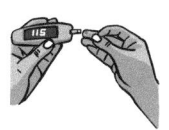

diabetes

diabetes

kirurg

ahli bedah

skalpell

pisau bedah

operation

operasi

CT

CT

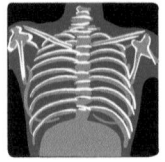

röntgen

sinar x

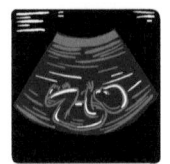

ultraljud

usg

ansiktsmask

topeng

sjukdom

penyakit

väntsal

ruang tunggu

krycka

penyokong

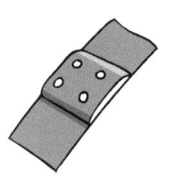

plåster

plester

bandage

perban

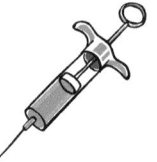

injektion

injeksi

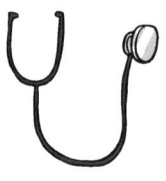

stetoskop

stetoskop

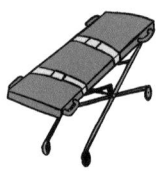

bår

usungan

termometer

termometer klinis

födsel

kelahiran

övervikt

kelebihan berat badan

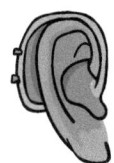

hörapparat

alat pendengar

desinfektionsmedel

desinfektan

infektion

infeksi

virus

virus

HIV / AIDS

HIV / AIDS

medicin

obat

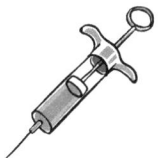

vaccination

vaksinasi

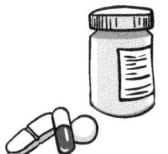

tabletter

tablet

p-piller

pil

nödsamtal

panggilan darurat

blodtrycksmätare

ukur tekanan darah

sjuk / frisk

sakit / sehat

Hjälp!

Tolong!

alarm

alarm

överfall

penyerbuan

misshandel

serangan

fara

bahaya

nödutgång

pintu darurat

Det brinner!

Api!

brandsläckare

alat pemadam kebakaran

olycka

kecelakaan

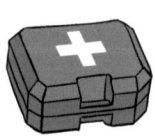

förbandslåda

kit pertolongan pertama

SOS

SOS

polis

polisi

Europa

Eropa

Nordamerika

Amerika Utara

Sydamerika

Amerika Selatan

Afrika

Afrika

Asien

Asia

Australien

Australi

Atlanten

Atlantik

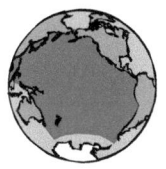

Stilla Havet

Pasifik

Indiska Oceanen

Samudra India

Antarktiska Oceanen

Samudra Antartika

Arktiska Oceanen

Samudra Arktik

Nordpol

kutub utara

Sydpol

kutub selatan

Antarktis

Antarktika

Jorden

bumi

land

tanah

hav

laut

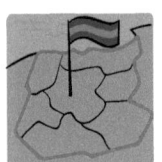

ö

pulau

nation

bangsa

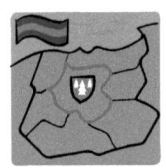

stat

negara

urtavla

jam wajah

timvisare

jarum pendek

minutvisare

jarum menit

sekundvisare

jarum detik

Vad är klockan?

Jam berapa?

dag

hari

tid

waktu

nu

sekarang

digital klocka

jam digital

minut

menit

timme

jam

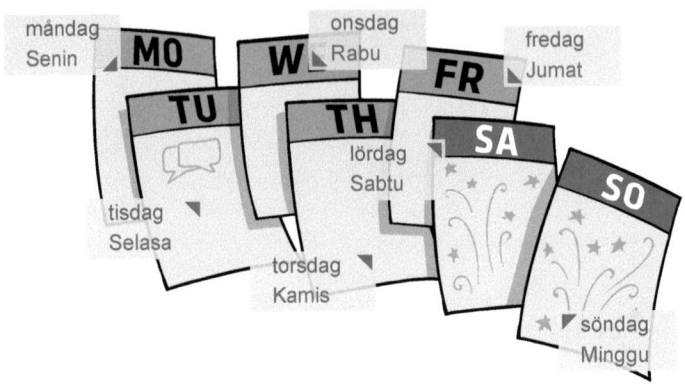

måndag Senin — MO	onsdag W Rabu	fredag FR Jumat
TU	TH	SA
tisdag Selasa	lördag Sabtu	SO
	torsdag Kamis	söndag Minggu

igår
kemaren

idag
hari ini

imorgon
besok

morgon
pagi

middag
siang

kväll
malam

MO	TU	WE	TH	FR	SA	SU
1	2	3	4	5	6	7
8	9	10	11	12	13	14
15	16	17	18	19	20	21
22	23	24	25	26	27	28
29	30	31	1	2	3	4

vardagar
hari kerja

MO	TU	WE	TH	FR	SA	SU
1	2	3	4	5	6	7
8	9	10	11	12	13	14
15	16	17	18	19	20	21
22	23	24	25	26	27	28
29	30	31	1	2	3	4

helg
akhir minggu

år

tahun

regn
hujan
regnbåge
pelangi
snö
salju
vind
angin
vår
musim semi
höst
musim gugur
sommar
musim panas
vinter
musim dingin

4.APRIL 11°
5.APRIL 4°
6.APRIL 13°
7.APRIL 8°
8.APRIL 10°

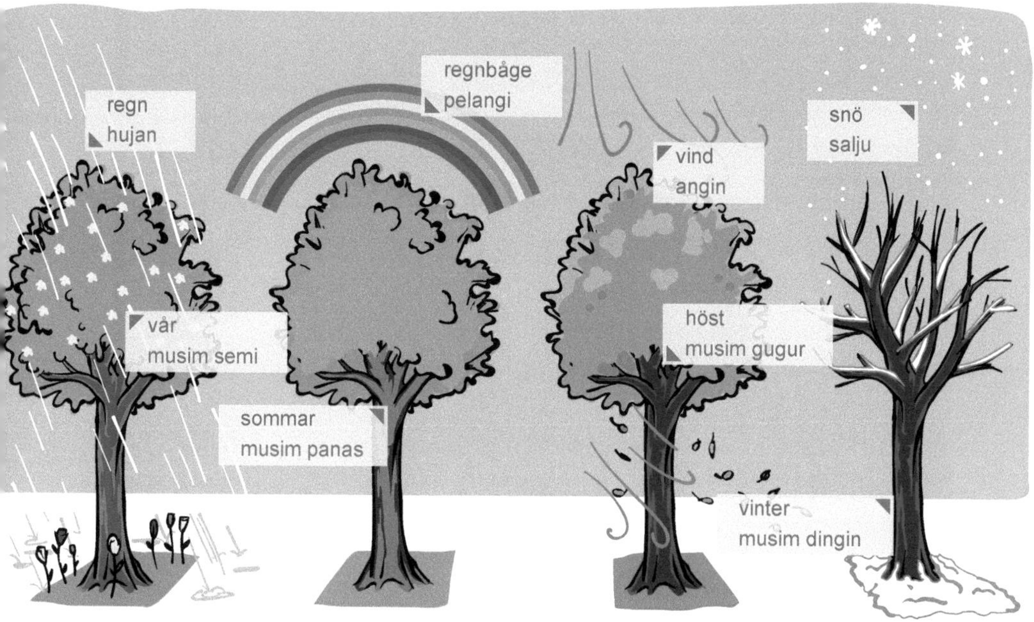

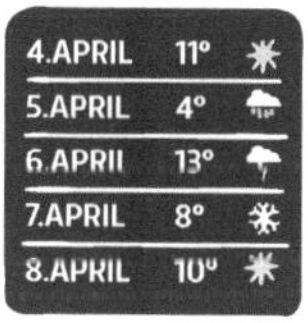

väderprognos

ramalan cuaca

F C
120 40
90 30
60 20
30 10
0 0
-30 -10
-20

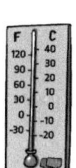

termometer

termometer

solsken

matahari

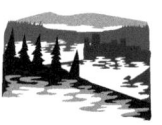

moln

awan

dimma

kabut

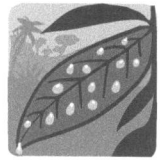

luftfuktighet

kelembahan

blixt
....
kilat

åska
....
guntur

storm
....
badai

hagel
....
hujan es

monsun
....
monsun

översvämning
....
banjir

is
....
es

januari
....
Januari

februari
....
Februari

mars
....
Maret

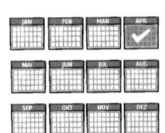

april
....
April

maj
....
Mei

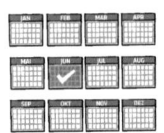

juni
....
Juni

juli
....
Juli

augusti
....
Agustus

år - tahun

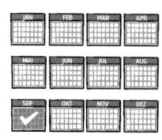

september
....
September

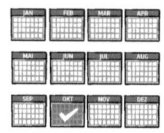

oktober
....
Oktober

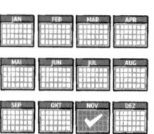

november
....
November

december
....
Desember

former

bentuk

cirkel
....
lingkaran

kvadrat
....
persegi

rektangel
....
persegi panjang

triangel
....
segi tiga

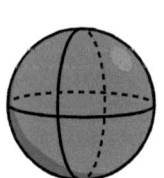

sfär
....
bola

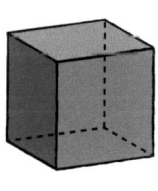

kub
....
kubus

vit
putih

gul
kuning

orange
oranye

rosa
pink

röd
merah

lila
ungu

blå
biru

grön
hijau

brun
coklat

grå
abu-abu

svart
hitam

mycket / lite

banyak / sedikit

arg / lugn

marah / tenang

vacker / ful

cantik / jelek

början / slut

mulaih / selesai

stor / liten

besar / kecil

ljus / mörk

terang / gelap

bror / syster

saudara laki-laki / saudara perempuan

ren / smutsig

bersih / kotor

komplett / ofullständig

lengkap / tidak lengkap

dag / natt

hari / malam

död / levande

mati / hidup

bred / smal

luas / sempit

ätlig / oätlig

dapat dimakan / tidak dapat dimakan

ond / god

jahat / baik

upphetsad / uttråkad

bersemangat / bosan

tjock / smal

gemuk / kurus

först / sist

pertama / terakhir

vän / fiende

teman / musuh

full / tom

penuh / kosong

hård / mjuk

keras / lembut

tung / lätt

berat / enteng

hunger / törst

lapar / haus

sjuk / frisk

sakit / sehat

olaglig / laglig

ilegal / legal

intelligent / dum

cerdas / bodoh

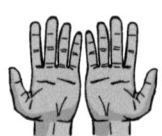

vänster / höger

kiri / kanan

nära / långt bort

dekat / jauh

ny / begagnad

baru / bekas

inget / något

tidak ada apapun / sesuatu

gammal / ung

tua / muda

på / av

nyala / mati

öppen / stängd

buka / tutup

tyst / högljudd

tenang / keras

rik / fattig

kaya / miskin

rätt / fel

benar / salah

grov / slät

kasar / halus

ledsen / glad

sedih / gembira

kort / lång

pendek / panjang

långsam / snabb

pelan-pelan / cepat

våt / torr

basah / kering

varm / sval

hangat / sejuk

krig / fred

perang / damai

0	**1**	**2**
noll	ett	två
nol	satu	dua

3	**4**	**5**
tre	fyra	fem
tiga	empat	lima

6	**7**	**8**
sex	sju	åtta
enam	tujuh	delapan

9	**10**	**11**
nio	tio	elva
sembilan	sepuluh	sebelas

12
tolv
duabelas

13
tretton
tigabelas

14
fjorton
empatbelas

15
femton
limabelas

16
sexton
enambelas

17
sjutton
tujuhbelas

18
arton
delapanbelas

19
nitton
sembilanbelas

20
tjugo
duapuluh

100
hundra
seratus

1.000
tusen
seribu

1.000.000
miljon
juta

bahasa-bahasa

engelska

Inggris

amerikansk engelska

bahasa Inggris Amerika

kinesisk mandarin

bahasa Cina Mandarin

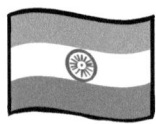

hindi

bahasa Hindi

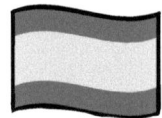

spanska

bahasa Spanyol

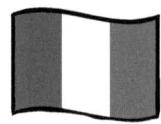

franska

bahasa Perancis

arabiska

bahasa Arab

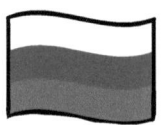

ryska

bahasa Rusia

portugisiska

bahasa Portugis

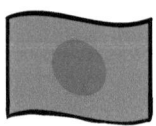

bengali

bahasa Bengal

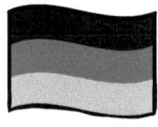

tyska

bahasa Jerman

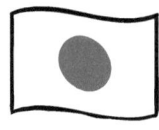

japanska

bahasa Jepang

jag

saya

du

kamu

han / hon / den (det)

dia

vi

kita

ni

kalian

de

mereka

vem?

siapa?

vad?

apa?

hur?

begaimana?

var?

dimana?

när?

kapan?

namn

nama

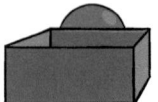

bakom

dibelakang

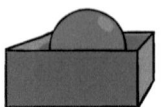

i

di

framför

didepan

över

diatas

på

diatas

under

dibawah

bredvid

sebelah

mellan

di antara

plats

tempat